民法典学习百问百答

中国法制出版社

目录

第一编　总则

第二编 物权

第三编 合同

第四编　人格权

第五编 婚姻家庭

第六编 继承

第七编　侵权责任

第一编　总则

1.《民法典》包括哪些内容?

《民法典》共 7 编，1260 条，包括总则编、物权编、合同编、人格权编、婚姻家庭编、继承编、侵权责任编。

2. 为什么说《民法典》是一部“社会生活的百科全书”？

民法调整社会关系的范围非常广泛，它规范各类民事主体间的人身关系和财产关系，涉及百姓衣食住行、生老病死、生产经营等社会和经济生活的方方面面，是一部社会生活的百科全书。

3.《民法典》什么时候实施?

《民法典》于 2020 年 5 月 28 日十三届全国人大第三次会议审议通过，并于 2021 年 1 月 1 日起施行。

4.《民法典》总则编有什么作用?

《民法典》第 1 条规定，为了保护民事主体的合法权益，调整民事关系，维护社会和经济秩序，适应中国特色社会主义发展要求，弘扬社会主义核心价值观，根据宪法，制定本法。

由此可知，总则编是《民法典》的序言和总纲，确立了《民法典》的基本制度、框架，规定民事活动必须遵循的基本原则和一般性规则，统领《民法典》各分编。

5.《民法典》中的平等原则是什么?

《民法典》第 4 条规定，民事主体在民事活动中的法律地位一律平等。

平等原则，是指民事主体在从事民事活动时，相互之间在法律地位上都是平等的，任何一方不得将自己的意志强加给对方，他们的合法权益也受到法律的平等保护。平等原则是民法的前提和基础，是国家立法规范民事法律关系的逻辑起点。

6.《民法典》中的自愿原则是什么？

《民法典》第 5 条规定，民事主体从事民事活动，应当遵循自愿原则，按照自己的意思设立、变更、终止民事法律关系。

自愿原则，也称意思自治原则，就是民事主体有权根据自己的意愿，自愿从事民事活动，按照自己的意思自主决定民事法律关系的内容及其设立、变更和终止，自觉承受相应的法律后果。

7.《民法典》中的公平原则是什么？

《民法典》第 6 条规定，民事主体从事民事活动，应当遵循公平原则，合理确定各方的权利和义务。

公平原则，是指民事主体从事民事活动时要秉持公平理念，公正、平允、合理地确定各方的权利和义务，并依法承担相应的民事责任。

8.《民法典》中的诚信原则是什么？

《民法典》第7条规定，民事主体从事民事活动，应当遵循诚信原则，秉持诚实，恪守承诺。

诚信原则，是指所有民事主体在从事任何民事活动，包括行使民事权利、履行民事义务、承担民事责任时，都应该秉持诚实、善意，不诈不欺，言行一致，信守诺言。诚信原则作为民法最为重要的基本原则，被称为民法的“帝王条款”。

9.《民法典》中的守法与公序良俗原则是什么？

《民法典》第 8 条规定，民事主体从事民事活动，不得违反法律，不得违背公序良俗。

守法与公序良俗原则，是指自然人、法人和非法人组织在从事民事活动时，不得违反各种法律的强制性规定，不得违背公共秩序和善良习俗。公序良俗是由“公共秩序”和“善良风俗”两个概念构成的，要求民事主体遵守社会公共秩序，遵循社会主体成员所普遍认可的道德准则。

10.《民法典》中的绿色原则是什么？

《民法典》第 9 条规定，民事主体从事民事活动，应当有利于节约资源、保护生态环境。

绿色原则，是指民事主体从事民事活动，应当有利于节约资源，保护生态环境。绿色原则体现了党的十八大以来的新发展理念，是具有重大意义的创举。

11. 胎儿能继承遗产吗?

《民法典》第16条规定，涉及遗产继承、接受赠与等胎儿利益保护的，胎儿视为具有民事权利能力。但是，胎儿娩出时为死体的，其民事权利能力自始不存在。

《民法典》设立了胎儿利益特别保护制度，规定涉及遗产继承时，胎儿视为具有民事权利能力，有继承遗产的资格和权利。但胎儿出生时为死体的，其民事权利自始不存在。

12. 胎儿能接受赠与吗?

《民法典》第16条规定，涉及遗产继承、接受赠与等胎儿利益保护的，胎儿视为具有民事权利能力。

为了最大程度地保护胎儿的利益，《民法典》规定，涉及接受赠与时，胎儿视为具有民事权利能力，有权利接受赠与。

13. 怎么判断未成年人是否为限制民事行为能力人？

《民法典》第 19 条规定，八周岁以上的未成年人为限制民事行为能力人，实施民事法律行为由其法定代理人代理或者经其法定代理人同意、追认；但是，可以独立实施纯获利益的民事法律行为或者与其年龄、智力相适应的民事法律行为。

随着社会发展和互联网的普及，现在的孩子越来越聪明，心智成熟得越来越早。《民法典》规定，八周岁以上的未成年人为限制民事行为能力人，可以独立实施纯获利益的民事法律行为或者与其年龄、智力相适应的民事法律行为。

14. 八周岁的孩子能用压岁钱买玩具吗？

八周岁以上的未成年人，可以从事与自己

年龄、智力相适应的活动，比如说去超市购买价值较小的生活用品、学习用品、玩具等。但这并不意味着他们可以做任何事，譬如花光自己甚至家人账户里的钱去打赏主播、私自拿家里大额的钱款购买网络游戏装备等行为，就必须经过家长的同意或追认才能发生效力。

15. 具有完全民事行为能力的成年人能协商确定监护人吗？

《民法典》第 33 条规定，具有完全民事行为能力的成年人，可以与其近亲属、其他愿意担任监护人的个人或者组织事先协商，以书面形式确定自己的监护人，在自己丧失或者部分丧失民事行为能力时，由该监护人履行监护职责。

随着中国老龄化趋势越来越严峻，养老问题受到越来越多人的重视。《民法典》完善了监护制度，规定成年人可在具备民事行为能力时协商确定自己的监护人。

16. 村民委员会能够作为民事主体对外签订合同吗?

《民法典》第 101 条第 1 款规定，居民委员会、村民委员会具有基层群众性自治组织法人资格，可以从事为履行职能所需要的民事活动。

为了适应社会主义新农村的建设和发展，各地有不少村子引入公司化运营机制，建立了新型农村集体经济组织。《民法典》规定，居民委员会、村民委员会具有基层群众性自治组织法人资格，可以从事为履行职能所需要的民事活动。

17. 自然人享有哪些民事权利?

《民法典》第 109 条规定，自然人的人身自由、人格尊严受法律保护。第 110 条第 1 款规定，自然人享有生命权、身体权、健康权、姓名权、肖像权、名誉权、荣誉权、隐私权、婚姻自主权等权利。第 113 条规定，民事主体的财产权利受法律平等保护。

18. 个人信息是否受到法律保护？

《民法典》第 111 条规定，自然人的个人信息受法律保护。任何组织或者个人需要获取他人个人信息的，应当依法取得并确保信息安全，不得非法收集、使用、加工、传输他人个人信息，不得非法买卖、提供或者公开他人个人信息。

19. 为了公共利益的需要，依照法律规定的权限和程序进行征地时是否应给予补偿？

《民法典》第 117 条规定，为了公共利益的需要，依照法律规定的权限和程序征收、征用不动产或者动产的，应当给予公平、合理的补偿。

为了公共利益的需要，国家相关机关可以依照法律规定的权限和程序对不动产进行征收或征用，但是应当给予不动产权利人公平、合理的补偿。

20. 法律保护网络虚拟财产吗?

《民法典》第127条规定，法律对数据、网络虚拟财产的保护有规定的，依照其规定。

网络虚拟财产具有财产的特性，其被侵犯时依法应当受到保护。近年来，随着互联网的发展，网络游戏日渐盛行。网络游戏账号、网络游戏装备等也在玩家的时间、精力、金钱投入下有了使用价值和交换价值，具备了财产属性。根据《民法典》规定，民事主体的财产权利受法律平等保护。当民事主体所有的数据、网络虚拟财产遭到非法侵犯时，法律同样提供保护。

21. 什么是不可抗力?

《民法典》第180条规定，因不可抗力不能履行民事义务的，不承担民事责任。法律另有规定的，依照其规定。不可抗力是不能预见、不能避免且不能克服的客观情况。

所谓不可抗力，是指独立于人的行为之外，并且不受当事人的意志所支配的现象，它包括某些自然现象（地震、台风、洪水、海啸等）和某些社会现象（战争等）。在法律上，不可抗力通常属于法定的免责事由，产生行为人被免责的法律后果。

22. 因见义勇为而受伤的，由谁承担民事责任?

《民法典》第183条规定，因保护他人民事权益使自己受到损害的，由侵权人承担民事责任，受益人可以给予适当补偿。没有侵权人、侵权人逃逸或者无力承担民事责任，受害人请求补偿的，受益人应当给予适当补偿。

《民法典》保护见义勇为的行为，因保护他人民事权益而使自己受到损害且侵权人逃逸，受害人请求补偿的，受益人应当给予适当补偿。

23. 出手救人给受助人造成损害的，是否承担赔偿责任？

《民法典》第 184 条规定，因自愿实施紧急救助行为造成受助人损害的，救助人不承担民事责任。

为匡正社会风气，鼓励见义勇为的行为，《民法典》规定，因自愿实施紧急救助行为造成受助人损害的，救助人不承担民事责任。

24. 通常情况下，向人民法院请求保护民事权利的诉讼时效期间为几年？

《民法典》第 188 条第 1 款规定，向人民法院请求保护民事权利的诉讼时效期间为三年。法律另有规定的，依照其规定。

社会在发展，经济交易方式和类型也在不断创新，一般诉讼时效期间由原来的两年延长为三年，可以更好地保护权利人的民事权利。诉讼时效期间自权利人知道或者应当知道权利受到损害以及义务人之日起计算。

25. 未成年人遭受性侵的，年满十八周岁后能否提起诉讼？

《民法典》第 191 条规定，未成年人遭受性侵害的损害赔偿请求权的诉讼时效期间，自受害人年满十八周岁之日起计算。

受中国社会传统观念的影响，遭受性侵害的未成年人往往不敢、不愿寻求法律保护，从而导致加害人逃脱法律惩罚。针对这种情况，法律规定，未成年人遭受性侵的，诉讼时效自受害人年满十八周岁之日起计算，可以在年满十八周岁后提起诉讼。

第二编　物权

26.《民法典》物权编调整的范围是什么?

根据《民法典》第205条规定，物权编调整的范围是因物的归属和利用产生的民事关系。

27. 物权保护的原则是什么?

平等保护原则。《民法典》第207条规定，国家、集体、私人的物权和其他权利人的物权受法律平等保护，任何组织或者个人不得侵犯。

对物权实行平等保护，有利于维护市场经济主体的平等地位，促进公平竞争，可以有效地规范社会主义市场经济的基本秩序，为构建和谐社会提供法制保障。

28. 物权的公示方法有哪些？

登记和交付。《民法典》第 208 条规定，不动产物权的设立、变更、转让和消灭，应当依照法律规定登记。动产物权的设立和转让，应当依照法律规定交付。

29. 房屋买卖必须依法登记才生效吗？

《民法典》第 209 条第 1 款规定，不动产物权的设立、变更、转让和消灭，经依法登记，发生效力；未经登记，不发生效力，但是法律另有规定的除外。

房屋作为不动产，在进行买卖时经依法登记才能取得房屋的所有权，未经登记不发生所有权变动的效力。生活中，有些人会遇到“一房二卖”的问题，因在先签订房屋买卖合同的当事人没有依法登记，因此无法取得房屋的所有权，但是其可以追究卖方的违约责任。

30. 不动产登记簿和不动产权属证书的关系是怎样的？

《民法典》第216条第1款规定，不动产登记簿是物权归属和内容的根据。第217条规定，不动产权属证书是权利人享有该不动产物权的证明。

不动产登记簿是指用于记载不动产现状以及与该不动产相关的权利关系的簿册，其实质上是国家建立的档案簿册，具有公开性。不动产登记簿由登记机构管理。而不动产权属证书是指在不动产登记机构对不动产情况进行审查、登记后，颁发给不动产权利人用于证明其享有不动产权利的证书。

31. 哪些情形下可以申请不动产预告登记？

《民法典》第221条第1款规定，当事人签订买卖房屋的协议或者签订其他不动产物权的协议，为保障将来实现物权，按照约定可以向登记机构申请预告登记。预告登记后，未经预告登记的权利人同意，处分该不动产的，不发生物权效力。

预告登记后，债权消灭或者自能够进行不动产登记之日起九十日内未申请登记的，预告登记失效。因此，预告登记并不是一劳永逸的，当条件成熟时还需及时进行正式登记。

32. 动产物权何时发生效力？

《民法典》第224条规定，动产物权的设立和转让，自交付时发生效力，但是法律另有规定的除外。“交付”，指的是物的直接占有的转移，即一方按照法律的要求，将物的直接占有移转给另一方。

“法律另有规定的除外”，主要包括以下三种情形：第一，《民法典》第226条至第228条对动产物权的设立和转让所规定的一些特殊情况。第二，《民法典》第229条至第231条对主要是非依法律行为而发生的物权变动问题所作的规定。第三，本编对动产抵押权和留置权的相关规定。

33. 因继承取得的物权何时发生效力？

《民法典》第230条规定，因继承取得物权的，自继承开始时发生效力。“继承开始时”，是指“被继承人死亡”之时。这里的“死亡”，既包括事实死亡，如老死、病死、意外事故致死等，也包括宣告死亡。在宣告死亡的情况下，自判决确定的被继承人死亡之时继承开始。

34. 物权受到侵害的，权利人如何获得救济？

《民法典》第233条规定，权利人在物权受到侵害时，可以通过和解、调解、仲裁、诉讼等途径解决。

35. 如何理解所有权的权能?

《民法典》第240条规定，所有权人对自己的不动产或者动产，依法享有占有、使用、收益和处分的权利。

“占有”，是对于物的实际管理或控制，是财产所有者行使所有权的直接表现。“使用”，是指所有权人依照物的性质和用途，并不毁损所有物或变更其性质而加以利用。“收益”，是指收取所有物产生的物质利益。“处分”，是指对所有物依法进行处置的行为。

36. 农村集体土地被征收会有哪些补偿?

《民法典》第243条规定，为了公共利益的需要，依照法律规定的权限和程序可以征收集体所有的土地和组织、个人的房屋以及其他不动产。

征收集体所有的土地，应当依法及时足额支付土地补偿费、安置补助费以及农村村民住宅、其他地上附着物和青苗等的补偿费用，并安排被征地农民的社会保障费用，保障被征地农民的生活，维护被征地农民的合法权益。

征收组织、个人的房屋以及其他不动产，应当依法给予征收补偿，维护被征收人的合法权益；征收个人住宅的，还应当保障被征收人的居住条件。

37. 哪些财产属于国家所有？

根据《民法典》第247条至第254条的规定，以下财产属于国家所有：矿藏，水流，海域，无居民海岛，城市的土地，森林、山岭、草原、荒地、滩涂等自然资源（法律规定属于集体所有的除外），无线电频谱资源，国防资产，法律规定属于国家所有的农村和城市郊区的土地、野生动植物资源、文物、铁路、公路、电力设施、电信设施和油气管道等基础设施。

38. 哪些财产属于集体所有?

根据《民法典》第260条的规定，集体所有的财产主要有：法律规定属于集体所有的土地和森林、山岭、草原、荒地、滩涂；集体所有的建筑物、生产设施、农田水利设施；集体所有的教育、科学、文化、卫生、体育等设施；集体所有的其他不动产和动产。

39. 村民可以查阅、复制集体财产状况的相关资料吗?

《民法典》第264条规定，农村集体经济组织或者村民委员会、村民小组应当依照法律、行政法规以及章程、村规民约向本集体成员公布集体财产的状况。集体成员有权查阅、复制相关资料。

40. 什么是业主的建筑物区分所有权?

业主的建筑物区分所有权，简称建筑物区

分所有权，它与多层建筑物出现后数人区分享有同一建筑物的现象相联系。《民法典》第 271 条规定，业主对建筑物内的住宅、经营性用房等专有部分享有所有权，对专有部分以外的共有部分享有共有和共同管理的权利。

41. 居民小区内车位的归属和使用是如何规定的？

根据《民法典》第 275 条规定，业主对建筑物内的住宅、经营性用房等专有部分享有所有权，对专有部分以外的共有部分享有共有和共同管理的权利。小区内规划用于停放汽车的车位、车库，开发商可以出售、附赠或者出租给业主。对于占用小区道路修建的停车位，产权不在开发商而在全体业主手里，可以由业主大会讨论决定如何进行利用。

42. 业主大会如何产生？

《民法典》第 277 条规定，业主可以设立业主大会，选举业主委员会。业主大会、业主委员会成立的具体条件和程序，依照法律、法规的规定。地方人民政府有关部门、居民委员会应当对设立业主大会和选举业主委员会给予指导和协助。

43. 居民小区的哪些事项必须由业主共同决定?

《民法典》第278条第1款规定，下列事项由业主共同决定:（1）制定和修改业主大会议事规则;（2）制定和修改管理规约;（3）选举业主委员会或者更换业主委员会成员;（4）选聘和解聘物业服务企业或者其他管理人;（5）使用建筑物及其附属设施的维修资金;（6）筹集建筑物及其附属设施的维修资金;（7）改建、重建建筑物及其附属设施;（8）改变共有部分的用途或者利用共有部分从事经营活动;（9）有关共有和共同管理权利的其他重大事项。

44. 居民小区的电梯坏了、屋顶漏水了，如何维修？

《民法典》第281条规定，建筑物及其附属设施的维修资金，属于业主共有。经业主共同决定，可以用于电梯、屋顶、外墙、无障碍设施等共有部分的维修、更新和改造。建筑物及其附属设施的维修资金的筹集、使用情况应当定期公布。紧急情况下需要维修建筑物及其附属设施的，业主大会或者业主委员会可以依法申请使用建筑物及其附属设施的维修资金。

45. 居民小区的停车位收入、电梯及楼房外墙面的广告收入，归谁所有？

《民法典》第282条规定，建设单位、物业服务企业或者其他管理人等利用业主的共有部分产生的收入，在扣除合理成本之后，属于业主共有。

有些小区的物业公司未经业主同意，擅自出租停车位，在小区的电梯、道路、外墙、健身设施等业主共有空间中安置广告牌，损害了业主的合法权益，物业公司因此取得的收益在扣除合理的成本之后，应当归业主共有。

46. 什么是相邻关系？如何处理？

相邻关系，指相邻近的不动产所有人或使用人之间，一方所有人或使用人的支配力与他方所有人或使用人的排他力相互冲突时，为调和其冲突以谋求共同利益，而由法律直接规定的权利义务关系。《民法典》第288条规定，不动产的相邻权利人应当按照有利生产、方便生活、团结互助、公平合理的原则，正确处理相邻关系。

47. 什么是共有？

共有，是指两个以上的权利主体对同一物

享有所有权。《民法典》第 297 条规定，不动产或者动产可以由两个以上组织、个人共有。

48. 什么是按份共有？

按份共有，又称分别共有，指两个或两个以上的共有人，对同一物按照确定的各自份额分享权利、承担义务的一种共有形式。《民法典》第 298 条规定，按份共有人对共有的不动产或者动产按照其份额享有所有权。

49. 什么是共同共有？

共同共有，是指两个或两个以上的人基于共同关系，共同享有一物的所有权，各个共有人对于共有物，平等地享有占有、使用、收益、处分权，并平等地承担义务。根据《民法典》第 299 条的规定，共同共有人对共有的不动产或者动产共同享有所有权，各共有人的权利均及于共有物的全部。

50. 什么是孳息？如何确定其归属？

孳息是指由原物所产生的收益。孳息分为天然孳息和法定孳息。天然孳息，是指依物的自然属性所产生的物，如果树结的果实。法定孳息，是指物依据法律规定或当事人的法律行为而产生的孳息，如利息、租金等。

《民法典》第 321 条规定，天然孳息，由所有权人取得；既有所有权人又有用益物权人的，由用益物权人取得。当事人另有约定的，按照其约定。法定孳息，当事人有约定的，按照约定取得；没有约定或者约定不明确的，按照交易习惯取得。

51. 什么是用益物权？《民法典》中规定了哪些用益物权？

用益物权，是指权利人对他人的所有物依法享有占有、使用、收益并排除他人干涉的权利，是一种在他人之物上设立的他物权。《民法典》第 323 条规定，用益物权人对他人所有的不动产或者动产，依法享有占有、使用和收益的权利。

《民法典》规定，用益物权包括海域使用权，探矿权，采矿权，取水权，使用水域、滩涂从事养殖、捕捞的权利，土地承包经营权，建设用地使用权，宅基地使用权，居住权，地役权等用益物权。

52. 土地承包经营权期限届满可以继续承包吗？

《民法典》第 332 条规定，耕地的承包期为三十年。草地的承包期为三十年至五十年。林地的承包期为三十年至七十年。前款规定的承包期限届满，由土地承包经营权人依照农村土地承包的法律规定继续承包。

根据农村土地承包的有关法律规定，耕地承包期届满后再延长三十年，草地、林地承包期届满后依照规定相应延长。承包人要维持土地的农业用途，未经依法批准不得用于非农建设；依法保护和合理利用土地，不得给土地造成永久性损害。

53. 土地承包经营权如何设立？

农村土地承包，发包方应当与承包方签订书面承包合同。承包合同自成立之日起生效。

《民法典》第333条规定，土地承包经营权自土地承包经营权合同生效时设立。登记机构应当向土地承包经营权人发放土地承包经营权证、林权证等证书，并登记造册，确认土地承包经营权。

54. 法律如何保护土地经营权的流转？

《民法典》第339条规定，土地承包经营权人可以自主决定依法采取出租、入股或者其他方式向他人流转土地经营权。第341条规定，流转期限为五年以上的土地经营权，自流转合同生效时设立。当事人可以向登记机构申请土地经营权登记；未经登记，不得对抗善意第三人。

55. 什么是建设用地使用权？

建设用地使用权，是为了在国有土地上进行开发利用而设立的权利，区别于针对集体土地的土地承包权和宅基地使用权。

《民法典》第 344 条规定，建设用地使用权人依法对国家所有的土地享有占有、使用和收益的权利，有权利用该土地建造建筑物、构筑物及其附属设施。

56. 住宅建设用地使用权期限届满后怎么办？

《民法典》第 359 条第 1 款规定，住宅建设用地使用权期限届满的，自动续期。续期费用的缴纳或者减免，依照法律、行政法规的规定办理。

住宅建设用地使用权届满后，不需要土地使用权人办理申请和审批手续，自动续期。值得注意的是，住宅建设用地使用权续期需要缴纳一定的费用，应根据法律、行政法规的规定确定全额缴纳或者予以减免。

57. 什么是宅基地使用权？

宅基地使用权是基于国有土地与集体土地的区分，针对使用集体土地的村集体经济组织成员而设立的一种用益物权。宅基地使用权人可以在宅基地上建造房屋及其他附属设施，并有权排除他人的干涉。

《民法典》第362条规定，宅基地使用权人依法对集体所有的土地享有占有和使用的权利，有权依法利用该土地建造住宅及其附属设施。

58. 什么是居住权？

居住权是在他人所有的住宅上设立的物

权。设立居住权是住宅所有权人处分自己财产的一种方式，住宅所有权人根据自己的意思自由在自己所有的住宅的全部或者部分为他人设立居住权。

《民法典》第366条规定，居住权人有权按照合同约定，对他人的住宅享有占有、使用的用益物权，以满足生活居住的需要。

59. 如何才能设立居住权？

《民法典》第367条规定，设立居住权，当事人应当采用书面形式订立居住权合同。居住权合同一般包括下列条款：（1）当事人的姓名或者名称和住所；（2）住宅的位置；（3）居住的条件和要求；（4）居住权期限；（5）解决争议的方法。第368条规定，居住权无偿设立，但是当事人另有约定的除外。

60. 什么是担保物权？

担保物权，是指担保物权人在债务人不履行

到期债务或者发生当事人约定的实现担保物权的情形时，依法享有就担保财产优先受偿的权利。

《民法典》第386条规定，担保物权人在债务人不履行到期债务或者发生当事人约定的实现担保物权的情形，依法享有就担保财产优先受偿的权利，但是法律另有规定的除外。

61. 主债权合同的效力对担保合同的效力有什么影响?

《民法典》第388条第1款规定，设立担保物权，应当依照本法和其他法律的规定订立担保合同。担保合同包括抵押合同、质押合同和其他具有担保功能的合同。担保合同是主债权债务合同的从合同。主债权债务合同无效的，担保合同无效，但是法律另有规定的除外。

62. 担保物权的担保范围是什么?

《民法典》第389条规定，担保物权的担

保范围包括主债权及其利息、违约金、损害赔偿金、保管担保财产和实现担保物权的费用。当事人另有约定的，按照其约定。

63. 什么是抵押权？

《民法典》第 394 条规定，为担保债务的履行，债务人或者第三人不转移财产的占有，将该财产抵押给债权人的，债务人不履行到期债务或者发生当事人约定的实现抵押权的情形，债权人有权就该财产优先受偿。前款规定的债务人或者第三人为抵押人，债权人为抵押权人，提供担保的财产为抵押财产。

64. 在已出租的财产上设立抵押的，对原租赁关系有什么影响？

《民法典》第 405 条规定，抵押权设立前，抵押财产已经出租并转移占有的，原租赁关系不受该抵押权的影响。

房屋租赁关系受法律保护。在房屋租赁合同签订后，无论是房屋发生所有权变更还是被设定了抵押权等他物权，均不影响租赁合同的继续履行。

65. 什么是质权？

质权，是指债权人在债务人不清偿其债务时，可以就债务人或第三人移转占有而供担保的动产或权利卖得价金优先受偿的权利。质权以占有质押财产为要件，这是质权与抵押的主要区别。

《民法典》第 425 条第 1 款规定，为担保债务的履行，债务人或者第三人将其动产出质给债权人占有的，债务人不履行到期债务或者发生当事人约定的实现质权的情形，债权人有权就该动产优先受偿。

66. 什么是留置权?

留置权，是指债权人合法占有债务人的动产，债务人不清偿债务时，债权人有权留置该财产，以该财产折价或者以拍卖、变卖该财产的价款优先受偿。

《民法典》第 447 条规定，债务人不履行到期债务，债权人可以留置已经合法占有的债务人的动产，并有权就该动产优先受偿。前款规定的债权人为留置权人，占有的动产为留置财产。

67. 占有的含义是什么?

占有，是指占有人对于物的事实上的控制和支配。对物进行控制和支配的人，为占有人，是占有法律关系的主体；被控制和被支配的物，为占有物，是占有法律关系的客体。

第三编 合同

68.《民法典》合同编的调整范围是什么？

根据《民法典》第463条，合同编调整因合同产生的民事关系。

在市场经济条件下，一切交易活动都是通过缔结和履行合同来进行的。市场主体根据自己的需要与他人订立合同，通过交易商品或者服务，在彼此满足各自的需要的同时，促进了社会主义现代化建设，合同关系是市场经济最基本的法律关系。

69.《民法典》中的合同都有哪些？

《民法典》合同编中规定了买卖合同，供用电、水、气、热力合同，赠与合同，借款合同，保证合同，租赁合同，融资租赁合同，保理合同，承揽合同，建设工程合同，运输合同，技术合同，保管合同，仓储合同，委托合同，物业服务合同，行纪合同，中介合同，合伙合同 19 种典型合同，以及无因管理、不当得利两种准合同。

70. 婚姻、收养、监护等有关身份关系的协议是否可以参照适用合同编的规定?

《民法典》第 464 条规定，合同是民事主体之间设立、变更、终止民事法律关系的协议。婚姻、收养、监护等有关身份关系的协议，适用有关该身份关系的法律规定；没有规定的，可以根据其性质参照适用本编规定。

71. 订立合同可以采用哪些形式?

《民法典》第 469 条规定，当事人订立合同，可以采用书面形式、口头形式或者其他形式。书面形式是合同书、信件、电报、电传、传真等可以有形地表现所载内容的形式。以电子数据交换、电子邮件等方式能够有形地表现所载内容，并可以随时调取查用的数据电文，视为书面形式。

72. 合同内容一般包含哪些条款?

根据《民法典》第 470 条第 1 款的规定，合同的内容由当事人约定，一般包括下列条款:（1）当事人的姓名或者名称和住所;（2）标的;（3）数量;（4）质量;（5）价款或者报酬;（6）履行期限、地点和方式;（7）违约责任;（8）解决争议的方法。另外，根据该条第 2 款的规定，当事人可以参照各类合同的示范文本订立合同。

73. 什么是要约?

根据《民法典》第 472 条的规定，要约是希望与他人订立合同的意思表示。要约在不同的情况下可以称为“发盘”“发价”等，发出要约的人称为“要约人”，接受要约的人称为“受要约人”。该条同时规定，一项订立合同的意思表示要构成一个要约，取得法律效力，应当符合下列条件:（1）内容具体确定。（2）表明经受要约人承诺，要约人即受该意思表示约束。

74. 什么是要约邀请?

根据《民法典》第 473 条的规定，要约邀请是希望他人向自己发出要约的表示。要约邀请可以是向特定人发出的，也可以是向不特定的人发出的。根据本条规定，拍卖公告、招标公告、招股说明书、债券募集办法、基金招募说明书、商业广告和宣传、寄送的价目表等为要约邀请。

75. 什么是承诺?

根据《民法典》第 479 条的规定，承诺是受要约人同意要约的意思表示。在商业交易中，与“发盘”“发价”等相对称，承诺称作“接受”。在一般情况下，承诺作出生效后合同即告成立。

76. 书面形式的合同何时成立？

《民法典》第490条规定，当事人采用合同书形式订立合同的，自当事人均签名、盖章或者按指印时合同成立。在签名、盖章或者按指印之前，当事人一方已经履行主要义务，对方接受时，该合同成立。法律、行政法规规定或者当事人约定合同应当采用书面形式订立，当事人未采用书面形式但是一方已经履行主要义务，对方接受时，该合同成立。

77. 电子合同何时成立？

《民法典》第491条规定，当事人采用信件、数据电文等形式订立合同要求签订确认书的，签订确认书时合同成立。当事人一方通过互联网等信息网络发布的商品或者服务信息符合要约条件的，对方选择该商品或者服务并提交订单成功时合同成立，但是当事人另有约定的除外。

78. 什么是预约合同？

根据《民法典》第 495 条的规定，当事人约定在将来一定期限内订立合同的认购书、订购书、预订书等，构成预约合同。当事人一方不履行预约合同约定的订立合同义务的，对方可以请求其承担预约合同的违约责任。

79. 什么是格式条款？

《民法典》第 496 条规定，格式条款是当事人为了重复使用而预先拟定，并在订立合同时未与对方协商的条款。

采用格式条款订立合同的，提供格式条款的一方应当遵循公平原则确定当事人之间的权利和义务，并采取合理的方式提示对方注意免除或者减轻其责任等与对方有重大利害关系的条款，按照对方的要求，对该条款予以说明。提供格式条款的一方未履行提示或者说明义务，致使对方没有注意或者理解与其有重大利害关系的条款的，对方可以主张该条款不成为合同的内容。

80. 依法成立的合同何时生效?

《民法典》第 502 条第 1 款规定，依法成立的合同，自成立时生效，但是法律另有规定或者当事人另有约定的除外。也就是说，合同的生效，原则上与合同的成立是一致的，合同成立就产生效力。

此外，该条第 2 款规定，依照法律、行政法规的规定，合同应当办理批准等手续的，依照其规定。这属于合同生效的特别要件。该条第 3 款规定，依照法律、行政法规的规定，合同的变更、转让、解除等情形应当办理批准等手续的，适用《民法典》第 502 条第 2 款的规定。

81. 合同中哪些免责条款无效?

合同中的免责条款，是指合同中的双方当事人在合同中约定的，为免除或者限制一方或者双方当事人未来责任的条款。《民法典》第 506 条规定，合同中的下列免责条款无效：（1）造成对方人身损害的；（2）因故意或者重大过失造成对方财产损失的。

82. 什么是按份债权与按份债务?

《民法典》第 517 条规定，债权人为二人以上，标的可分，按照份额各自享有债权的，为按份债权；债务人为二人以上，标的可分，按照份额各自负担债务的，为按份债务。按份债权人或者按份债务人的份额难以确定的，视为份额相同。

83. 什么是“同时履行抗辩权”?

同时履行抗辩权，是指在双务合同中应

当同时履行的一方当事人有证据证明另一方当事人在同时履行的时间不能履行，或者不能适当履行，到履行期时，享有不履行或者部分履行的权利。

《民法典》第525条规定，当事人互负债务，没有先后履行顺序的，应当同时履行。一方在对方履行之前有权拒绝其履行请求。一方在对方履行债务不符合约定时，有权拒绝其相应的履行请求。

84. 什么是“后履行抗辩权”？

后履行抗辩权，是指在双务合同中应当先履行的一方当事人未履行或者不适当履行，后履行的对方当事人享有不履行、部分履行的权利。

《民法典》第526条规定，当事人互负债务，有先后履行顺序，应当先履行债务一方未履行的，后履行一方有权拒绝其履行请求。先履行一方履行债务不符合约定的，后履行一方有权拒绝其相应的履行请求。

85. 什么是“不安抗辩权”？

不安抗辩权，指双务合同成立后，应当先履行的当事人有证据证明对方不能履行义务，或者有不能履行合同义务的可能时，在对方没有履行或者提供担保之前，有权中止履行合同义务。在双务合同成立后，若后履行的当事人发生变化，这种变化导致其不能履行合同义务或者可能不能履行合同义务，不安抗辩权发生，应当先履行合同义务的当事人可以中止合同的履行。

86. 什么是债权人的代位权？

债权人的代位权，是指债务人怠于行使权利，债权人为保全债权，以自己的名义向第三人行使债务人现有债权的权利。

《民法典》第535条第1款规定，因债务人怠于行使其债权或者与该债权有关的从权利，影响债权人的到期债权实现的，债权人可以向人民法院请求以自己的名义代位行使债务人对相对人的权利，但是该权利专属于债务人自身的除外。

87. 在什么情形下，合同可以变更？

合同的变更，是指合同成立后，当事人在原合同的基础上对合同的内容进行修改或者补充。

《民法典》第 543 条规定，当事人协商一致，可以变更合同。

88. 什么是债权的转让？

债权的转让，是指不改变债权的内容，由债权人将债权转让给第三人。债权人既可以将债权全部转让，也可以将债权部分转让。债权全部转让的，原合同关系消灭，产生一个新的合同关系，受让人取代原债权人的地位，成为新的债权人。债权部分转让的，受让人作为第三人加入原合同关系中，与原债权人共同享有债权。

89. 债务转让需满足什么条件？

债务转让，是指债务人经债权人同意，将合同的义务全部或者部分转让给第三人。

《民法典》第551条规定，债务人将债务的全部或者部分转移给第三人的，应当经债权人同意。债务人或者第三人可以催告债权人在合理期限内予以同意，债权人未作表示的，视为不同意。

90. 债权债务在什么情况下终止？

《民法典》第557条第1款规定，有下列情形之一的，债权债务终止：(1)债务已经履行；(2)债务相互抵销；(3)债务人依法将标的物提存；(4)债权人免除债务；(5)债权债务同归于一人；(6)法律规定或者当事人约定终止的其他情形。

91. 合同解除权该如何行使？

根据《民法典》第565条及第562条、第

563条的规定，合同解除权的行使要做到以下两个方面：一是合同的解除需要满足法律规定的条件。二是当事人一方依法主张解除合同的，应当通知对方。

92. 合同解除后将产生怎样的法律效力？

《民法典》第566条第1款规定，合同解除后，尚未履行的，终止履行；已经履行的，根据履行情况和合同性质，当事人可以请求恢复原状或者采取其他补救措施，并有权请求赔偿损失。

93. 合同的违约责任有哪些类型？

违约，即违反合同。违反合同义务，就要承担违约责任。根据《民法典》第577条的规定，当事人一方不履行合同义务或者履行合同义务不符合约定的，应当承担继续履行、采取补救措施或者赔偿损失等违约责任。

94. 合同违约方应当承担什么责任？

《民法典》第583条规定，当事人一方不履行合同义务或者履行合同义务不符合约定的，在履行义务或者采取补救措施后，对方还有其他损失的，应当赔偿损失。

当事人一方不履行合同义务或者履行合同义务不符合约定的，应当承担继续履行、采取补救措施或者赔偿损失等违约责任。在实际履行与赔偿损失这两种违约责任的关系上，我国法律采用的是两者可以并用的原则，因为法律设定这两种违约责任的目的是不同的。

95. 什么是违约金？

违约金，是指按照当事人的约定或者法律直接规定，一方当事人违约时应向另一方支付的金钱。

《民法典》第585条第1款规定，当事人可以约定一方违约时应当根据违约情况向对方支付一定数额的违约金，也可以约定因违约产生的损失赔偿额的计算方法。

96. 如何区分适用定金与违约金？

《民法典》第588条规定，当事人既约定违约金，又约定定金的，一方违约时，对方可以选择适用违约金或者定金条款。定金不足以弥补一方违约造成的损失的，对方可以请求赔偿超过定金数额的损失。

97. 什么是买卖合同？

根据《民法典》第595条、第596条的规定，买卖合同，是指出卖人转移标的物的所有权于买受人，买受人支付价款的合同。买卖合同的内容一般包括标的物的名称、数量、质量、价款、履行期限、履行地点和方式、包装方式、检验标准和方法、结算方式、合同使用的文字及其效力等条款。

98. 买卖合同中的出卖人有哪些主要义务？

根据《民法典》规定，买卖合同中，出卖人应当承担以下主要义务：（1）交付标的物并转移标的物所有权。（2）交付有关单证和资料。（3）按照约定的包装方式交付标的物。（4）按照约定的时间、约定的地点交付标的物。（5）权利瑕疵担保义务。（6）按照约定的质量要求交付标的物。（7）回收义务。

99. 买卖合同中的买受人有哪些主要义务？

根据《民法典》规定，买卖合同中，买受人应当承担以下主要义务：（1）按照约定的数额和支付方式支付价款。（2）按照约定的地点支付价款。（3）按照约定的时间支付价款。（4）检验义务。

100. 分期付款买卖合同中，出卖人有哪些特殊权利义务？

分期付款买卖，是指买受人将应付的总价

款，在一定期限内分次向出卖人支付的买卖合同。根据《民法典》第634条的规定，分期付款的买受人未支付到期价款的数额达到全部价款的五分之一，经催告后在合理期限内仍未支付到期价款的，出卖人可以请求买受人支付全部价款或者解除合同。出卖人解除合同的，可以向买受人请求支付该标的物的使用费。

101.《民法典》中的绿色原则在买卖合同中是如何体现的?

《民法典》第509条第3款规定，当事人在履行合同过程中，应当避免浪费资源、污染环境和破坏生态。

第625条规定，依照法律、行政法规的规定或者按照当事人的约定，标的物在有效使用年限届满后应予回收的，出卖人负有自行或者委托第三人对标的物予以回收的义务。

102. 什么是供用电合同？

根据《民法典》第 648 条的规定，供用电合同，是指供电人向用电人供电，用电人支付电费的合同。向社会公众供电的供电人，不得拒绝用电人合理的订立合同要求。

103. 什么是赠与合同？

根据《民法典》第 657 条的规定，赠与合同，是指赠与人将自己的财产无偿给予受赠人，受赠人表示接受赠与的合同。

104. 赠与合同能任意撤销吗？

《民法典》第 658 条规定，赠与人在赠与财产的权利转移之前可以撤销赠与。经过公证的赠与合同或者依法不得撤销的具有救灾、扶贫、助残等公益、道德义务性质的赠与合同，不适用前款规定。

105. 什么是借款合同？

根据《民法典》第667条的规定，借款合同，是指贷款人向借款人提供借款，借款人到期返还借款并向贷款人支付利息的合同。

106. 借款时可以预先将利息从本金中扣除吗？

《民法典》第670条规定，借款的利息不得预先在本金中扣除。利息预先在本金中扣除的，应当按照实际借款数额返还借款并计算利息。

为了体现合同公平的原则，防止贷款人利用优势地位确定不平等的合同内容，法律明确规定，贷款人在提供借款时不得预先将利息从本金中扣除。如果贷款人违反法律规定，在提供借款时将利息从本金中扣除，那么借款人只需按照实际借款数额返还借款并计算利息。

107. 答应借钱给他人又反悔了，可以不借吗？

《民法典》第 679 条规定，自然人之间的借款合同，自贷款人提供借款时成立。

自然人之间的借款合同是实践合同，即自然人之间借款，贷款人向借款人交付借款时，合同才成立。在借款合同成立后，贷款人和借款人都应当按照约定履行合同。

108. 什么是保证合同？

根据《民法典》第 681 条的规定，保证合同，是指为保障债权的实现，保证人和债权人约定，当债务人不履行到期债务或者发生当事人约定的情形时，保证人履行债务或者承担责任的合同。

109. 什么是一般保证？

一般保证是指当事人在保证合同中约定，在债务人不能履行债务时，保证人承担保证责任的保证。在一般保证的情况下，保证人享有先诉抗辩权，即一般保证的保证人在就债务人的财产依法强制执行仍不能履行债务前，对债权人可以拒绝承担保证责任。

110. 什么是连带责任保证？

根据《民法典》第 688 条的规定，当事人在保证合同中约定保证人和债务人对债务承担连带责任的，为连带责任保证。

连带责任保证的债务人不履行到期债务或者发生当事人约定的情形时，债权人可以请求债务人履行债务，也可以请求保证人在其保证范围内承担保证责任。

111. 什么是租赁合同？

根据《民法典》第 703 条规定，租赁合同，是指出租人将租赁物交付承租人使用、收益，承租人支付租金的合同。

112. 什么是融资租赁合同?

根据《民法典》第 735 条规定，融资租赁合同，是指出租人根据承租人对出卖人、租赁物的选择，向出卖人购买租赁物，提供给承租人使用，承租人支付租金的合同。融资租赁是一种贸易与信贷相结合，融资与融物为一体的综合性交易。

113. 什么是保理合同?

根据《民法典》第 761 条规定，保理合同，是指应收账款债权人将现有的或者将有的应收账款转让给保理人，保理人提供资金融通、应收账款管理或者催收、应收账款债务人付款担保等服务的合同。

114. 什么是承揽合同?

根据《民法典》第 770 条规定，承揽合同，是指承揽人按照定作人的要求完成一定的工作，并将工作成果交付给定作人，定作人接受该工作成果并按照约定向承揽人支付报酬的合同。承揽包括加工、定作、修理、复制、测试、检验等工作。

115. 什么是建设工程合同？

根据《民法典》第788条规定，建设工程合同，是指承包人进行工程建设，发包人支付价款的合同，包括工程勘察、设计、施工合同。

116. 什么是运输合同？

根据《民法典》第809条规定，运输合同，是指承运人将旅客或者货物从起运地点运输到约定地点，旅客、托运人或者收货人支付票款或者运输费用的合同。

117. 交通工具上，旅客可以不按照自己的座位号抢座霸座吗？

《民法典》第 815 条规定，旅客应当按照有效客票记载的时间、班次和座位号乘坐。

为了维护正常的运输秩序，保护旅客的人身、财产安全，旅客和承运人都应当遵守客运合同中的义务。旅客除了应当支付票款外，还应当按照有效客票记载的时间、班次和座位号乘坐。

118. 什么是技术合同？

根据《民法典》第 843 条规定，技术合同，是指当事人就技术开发、转让、许可、咨询或者服务订立的确立相互之间权利和义务的合同。

119. 什么是保管合同？

根据《民法典》第 888 条规定，保管合同是保管人保管寄存人交付的保管物，并返还该物的合同。

120. 什么是仓储合同？

根据《民法典》第 904 条规定，仓储合同，是指保管人储存存货人交付的仓储物，存货人支付仓储费的合同。

121. 什么是委托合同？

根据《民法典》第 919 条规定，委托合同，是指委托人和受托人约定，由受托人处理委托人事务的合同。

122. 什么是物业服务合同？

根据《民法典》第 937 条规定，物业服务合同，是指物业服务人在物业服务区域内，为业主提供建筑物及其附属设施的维修养护、环境卫生和相关秩序的管理维护等物业服务，业主支付物业费的合同。物业服务人包括物业服务企业和其他管理人。

123. 什么是行纪合同?

根据《民法典》第 951 条规定，行纪合同，是指行纪人以自己的名义为委托人从事贸易活动，委托人支付报酬的合同。

124. 什么是中介合同?

根据《民法典》第 961 条规定，中介合同，是指中介人向委托人报告订立合同的机会或者提供订立合同的媒介服务，委托人支付报酬的合同。

125. 买房时，买方能绕开委托的中介直接与卖方订立合同吗?

不可以。《民法典》第 965 条规定，委托人在接受中介人的服务后，利用中介人提供的交易机会或者媒介服务，绕开中介人直接订立合同的，应当向中介人支付报酬。

《民法典》规定禁止跳单，委托人若跳单，

仍然应当向中介人支付报酬。此规定是为了让违背诚信原则的委托人承担不利的后果，同时保护中介人的合法利益。

126. 什么是合伙合同？

根据《民法典》第967条规定，合伙合同，是指两个以上合伙人为了共同的事业目的，订立的共享利益、共担风险的协议。

127. 什么是无因管理？

无因管理，是指没有法定的或者约定的义务，为避免他人利益受损失而进行管理。管理他人事务的人为管理人，因管理人管理其事务而受益的人为受益人。无因管理行为虽为干预他人事务，却是以为避免他人利益受损失为目的，有利于社会的互助行为。法律为鼓励这一行为，赋予管理人请求受益人偿还因管理行为而支出的必要费用的权利。因无因管理产生的债称为无因管理之债。

128. 什么是不当得利？

不当得利，是指没有法律根据，取得不当利益，造成他人损失。不当得利制度对民事主体之间的财产流转关系有调节作用，目的在于恢复民事主体之间在特定情形下所发生的非正常的利益变动。因不当得利产生的债称为不当得利之债。因他人没有法律根据，取得不当利益，受损失的人有权请求其返还不当利益。

第四编 人格权

129.《民法典》为什么要单独设立人格权编?

人格权是民事主体对其特定的人格利益享有的权利，关系到每个人的人格尊严，是民事主体最基本、最重要的权利。保护人格权、维护人格尊严，是我国法治建设的重要任务。为了贯彻党的十九大和十九届二中全会关于“保护人民人身权、财产权、人格权”的精神，落实宪法关于“公民的人格尊严不受侵犯”的要求，在总结我国现有人格权法律规范的实践经验的基础上，《民法典》中增设了人格权编，为人格权保护奠定和提供了充分的民事请求权法律基础。

130.《民法典》人格权编的调整范围是什么?

《民法典》第989条规定，本编调整因人格权的享有和保护产生的民事关系。

“人格权编”的调整范围与人格权有关。民法调整平等主体的自然人、法人和非法人组织之间的人身关系和财产关系。人格权编调整前者，即人格权的享有和保护产生的民事关系。

131. 人格权具体包括哪些权利?

《民法典》第990条规定，人格权是民事主体享有的生命权、身体权、健康权、姓名权、名称权、肖像权、名誉权、荣誉权、隐私权等权利。

除以上规定的人格权外，自然人还享有基于人身自由、人格尊严产生的其他人格权益。

132. 法人与非法人组织享有人格权吗？

法人、非法人组织享有名称权、名誉权和荣誉权。但法人和非法人组织不能享有生命权、身体权、健康权等专属于自然人的权利。对自然人的人格权保护具有充分的伦理价值，而法人和非法人组织享有一定范围的人格权，更多涉及财产利益，或者间接地保护组织背后的自然人。

133. 死者的人格受法律保护吗？

死者的人格受法律保护。《民法典》第994条规定，死者的姓名、肖像、名誉、荣誉、隐私、遗体等受到侵害的，其配偶、子女、父母有权依法请求行为人承担民事责任；死者没有配偶、子女且父母已经死亡的，其他近亲属有权依法请求行为人承担民事责任。

134. 人格权正在被侵害，受害人可以向法院申请禁令保护吗？

可以。在网络时代，有些侵害人格权的行为，如果无法被及时制止，可能造成不可逆转、难以弥补的损害。因此，《民法典》第997条规定，民事主体有证据证明行为人正在实施或者即将实施侵害其人格权的违法行为，不及时制止将使其合法权益受到难以弥补的损害的，有权依法向人民法院申请采取责令行为人停止有关行为的措施。

135. 自然人如何进行人体捐献？

《民法典》第1006条规定，完全民事行为能力人有权依法自主决定无偿捐献其人体细胞、人体组织、人体器官、遗体。任何组织或者个人不得强迫、欺骗、利诱其捐献。完全民事行为能力人依据前款规定同意捐献的，应当采用书面形式，也可以订立遗嘱。自然人生前未表示不同意捐献的，该自然人死亡后，其配偶、成年子女、父母可以共同决定捐献，决定捐献应当采用书面形式。

136. 人体可以买卖吗？

不可以。《民法典》第1007条规定，禁止以任何形式买卖人体细胞、人体组织、人体器官、遗体。违反前款规定的买卖行为无效。

法律保护人格尊严，人是目的而非手段，人体组成部分不应成为交易的客体。所以，人体只能无偿捐献，法律禁止以任何形式买卖人体细胞、人体组织、人体器官、遗体。

137. 单位是否有义务防止、制止性骚扰行为？

是。性骚扰行为是对受害人人格权益、人格尊严、人格自由的侵害，会造成受害人抑郁、焦虑、恐惧以及其他健康问题，法律禁止性骚扰的行为。《民法典》第 1010 条规定，违背他人意愿，以言语、文字、图像、肢体行为等方式对他人实施性骚扰的，受害人有权依法请求行为人承担民事责任。机关、企业、学校等单位应当采取合理的预防、受理投诉、调查处置等措施，防止和制止利用职权、从属关系等实施性骚扰。

138. 超市保安可以随意搜查顾客的身体吗?

不可以。《民法典》第 1011 条规定，以非法拘禁等方式剥夺、限制他人的行动自由，或者非法搜查他人身体的，受害人有权依法请求行为人承担民事责任。

法律禁止非法搜查他人身体。非法搜查他人身体、限制行动自由，侵犯了被搜查者的人格尊严、人格自由，受害人有权请求行为人承担侵权责任。

139. 被他人冒名顶替上学或工作，该怎么办?

《民法典》第 1014 条规定，任何组织或者个人不得以干涉、盗用、假冒等方式侵害他人的姓名权或者名称权。

法律规定自然人享有姓名权，任何组织或者个人不得以干涉、盗用、假冒等方式侵害他人的姓名权或者名称权。冒充他人上学、工作，均属侵犯他人姓名权的行为，应当承担民事责任。

140. 可以给孩子选择父姓或母姓之外的其他姓氏吗?

《民法典》1015 条规定，自然人应当随父姓或者母姓，但是有下列情形之一的，可以在父姓和母姓之外选取姓氏:（1）选取其他直系长辈血亲的姓氏;（2）因由法定扶养人以外的人扶养而选取扶养人姓氏;（3）有不违背公序良俗的其他正当理由。少数民族自然人的姓氏可以遵从本民族的文化传统和风俗习惯。

141. 别人能够擅自使用我的肖像吗?

自然人享有肖像权，未经肖像权人同意，他人不得制作、使用、公开肖像权人的肖像，但是法律另有规定的除外。《民法典》第1020条规定，合理实施下列行为的，可以不经肖像权人同意:（1）为个人学习、艺术欣赏、课堂教学或者科学研究，在必要范围内使用肖像权人已经公开的肖像;（2）为实施新闻报道，不可避免地制作、使用、公开肖像权人的肖像;（3）为依法履行职责，国家机关在必要范围内制作、使用、公开肖像权人的肖像;（4）为展示特定公共环境，不可避免地制作、使用、公开肖像权人的肖像;（5）为维护公共利益或者肖像权人合法权益，制作、使用、公开肖像权人的肖像的其他行为。

142. 肖像许可使用合同可以任意解除吗？

《民法典》第1022条规定，当事人对肖像许可使用期限没有约定或者约定不明确的，任何一方当事人可以随时解除肖像许可使用合同，但是应当在合理期限之前通知对方。当事人对肖像许可使用期限有明确约定，肖像权人有正当理由的，可以解除肖像许可使用合同，但是应当在合理期限之前通知对方。因解除合同造成对方损失的，除不可归责于肖像权人的事由外，应当赔偿损失。

143. 哪些行为属于侵犯他人名誉权的行为？

《民法典》第1024条规定，民事主体享有名誉权。任何组织或者个人不得以侮辱、诽谤等方式侵害他人的名誉权。

侮辱是指故意以暴力或其他方式贬低他人人格，毁损他人名誉的行为。例如，以暴力行为、语言、文字等方式进行侮辱。诽谤是指以书面、口头等形式捏造事实公然丑化他人人格的行为。

144. 媒体报道内容失实、侵害他人名誉权，应当如何处理？

《民法典》第1028条规定，民事主体有证据证明报刊、网络等媒体报道的内容失实，侵害其名誉权的，有权请求该媒体及时采取更正或者删除等必要措施。

新闻报道具有时效性，如果在受害人请求更正不实报道后，媒体及时作出更正，可以最大限度地减少对受害人人格权的侵害，减轻不实报道对社会公众评价的影响。如果媒体没有及时采取措施，受害人有权请求人民法院责令该媒体在一定期限内履行。

145. 侵害他人隐私权的行为都有哪些？

《民法典》第1033条规定，除法律另有规定或权利人明确同意外，任何组织或者个人不得实施下列行为：（1）以电话、短信、即时通讯工具、电子邮件、传单等方式侵扰他人的私人生活安宁；（2）进入、拍摄、窥视他人的住宅、宾馆房间等私密空间；（3）拍摄、窥视、窃听、公开他人的私密活动；（4）拍摄、窥视他人身体的私密部位；（5）处理他人的私密信息；（6）以其他方式侵害他人的隐私权。

146. 哪些信息属于法律保护的个人信息？

《民法典》第1034条规定，自然人的个人信息受法律保护。个人信息是以电子或者其他方式记录的能够单独或者与其他信息结合识别特定自然人的各种信息，包括自然人的姓名、出生日期、身份证件号码、生物识别信息、住址、电话号码、电子邮箱、健康信息、行踪信息等。个人信息中的私密信息，适用有关隐私权的规定；没有规定的，适用有关个人信息保护的规定。

147. 处理自然人个人信息应当符合什么条件？

《民法典》第 1035 条规定，处理个人信息的，应当遵循合法、正当、必要原则，不得过度处理，并符合下列条件：（1）征得该自然人或者其监护人同意，但是法律、行政法规另有规定的除外；（2）公开处理信息的规则；（3）明示处理信息的目的、方式和范围；（4）不违反法律、行政法规的规定和双方的约定。

个人信息的处理包括个人信息的收集、存储、使用、加工、传输、提供、公开等。

148. 信息处理者可以将其收集存储的个人信息提供给他人吗？

根据《民法典》第 1038 条规定，信息处理者在取得信息后，不得泄露、篡改其收集、存储的个人信息。未经被收集者同意，不得向他人非法提供个人信息。

第五编　婚姻家庭

149.《民法典》婚姻家庭编调整哪些民事关系?

《民法典》第 1040 条规定，婚姻家庭编调整因婚姻家庭产生的民事关系。

该编主要规定婚姻、亲属间身份关系的产生、变更和消灭，以及基于这种关系而产生的民事权利和义务。例如，因婚姻而产生的夫妻间相互扶养、父母子女关系等人身权关系，以及夫妻共同财产、财产继承等财产权关系。

150.《民法典》对我国的婚姻制度和原则有哪些具体规定?

《民法典》第 1041 条规定，婚姻家庭受国家保护。我国实行婚姻自由、一夫一妻、男女平等的婚姻制度。保护妇女、未成年人和老年人的合法权益。

151.《民法典》婚姻家庭编明确禁止的行为有哪些?

《民法典》第 1042 条规定，禁止包办、买卖婚姻和其他干涉婚姻自由的行为。禁止借婚姻索取财物。禁止重婚。禁止有配偶者与他人同居。禁止家庭暴力。禁止家庭成员间的虐待和遗弃。

152. 夫妻双方到民政部门协议离婚，能当天拿到离婚证吗?

《民法典》新规定了离婚冷静期制度，夫妻双方到民政部门协议离婚，无法当天拿到离婚证。根据《民法典》第 1077 条规定，男女双方到婚姻登记机关办理离婚时，自婚姻登记机关收到离婚登记申请之日起三十日内，任何一方不愿意离婚的，可以向婚姻登记机关撤回离婚登记申请。若婚姻登记机关收到离婚登记申请之日起三十日内，任何一方未亲自到婚姻登记机关申请离婚的，则视为撤销离婚登记申请。

153. 哪些情形下，婚姻是无效的?

婚姻无效，是指男女双方结婚后因该婚姻欠缺婚姻成立的法定条件而自始不发生法律效力。根据《民法典》第 1051 条规定，婚姻无效的情形有三种：一是重婚，是指有配偶的人又与他人登记结婚的违法行为，或者明知他人有配偶而与他人登记结婚的违法行为。二是有禁止结婚的亲属关系，根据医学和科学发展证实，男女近亲结婚很容易产生遗传学疾病，影响下一代的健康成长。三是未到法定婚龄，是指男女双方未达到法律规定的可以结婚的最低年龄时，不得结婚。

154. 哪些情形下，可以请求撤销婚姻？

可撤销婚姻，是指当事人因意思表示不真实而成立的婚姻，或者当事人成立的婚姻在结婚的要件上有欠缺，通过有撤销权的当事人行使撤销权，使已经发生法律效力的婚姻关系失去法律效力。根据《民法典》第 1052 条、第 1053 条规定，可撤销婚姻有两种情形：一是因胁迫而结婚。二是另一方患有重大疾病且在婚前未如实告知的，不知情的一方可以请求撤销婚姻。

155. 婚姻无效或被撤销后有哪些后果？

根据《民法典》第 1054 条规定，婚姻无效或被撤销后，主要有以下五个法律后果：一是婚姻自始不发生法律效力，不受法律保护。二是当事人之间不具有夫妻间的权利和义务。三是同居期间取得的财产优先协议处理，协议不成的，由法院根据照顾无过错方的原则进行分割，但不得损害合法婚姻当事人的财产权益。四是当事人所生子女为非婚生子女，享有与婚生子女同等的权利。五是无过错方有权请求损害赔偿。

156. 抚养、教育子女，夫妻双方是否享有平等的权利和义务?

《民法典》第1058条规定，夫妻双方平等享有对未成年子女抚养、教育和保护的权利，共同承担对未成年子女抚养、教育和保护的义务。

夫妻在婚姻家庭关系中地位平等，平等地履行法律规定的权利，也共同承担着家庭和社会的责任，在未成年子女抚养、教育和保护方面亦应如此。

157. 夫妻的共同财产有哪些?

根据《民法典》第1062条规定，夫妻在

婚姻关系存续期间所得的下列财产，为夫妻的共同财产，归夫妻共同所有：（1）工资、奖金、劳务报酬；（2）生产、经营、投资的收益；（3）知识产权的收益；（4）继承或者受赠的财产，但是遗嘱或者赠与合同中确定只归一方的财产除外；（5）其他应当归夫妻共同所有的财产，如汽车、房产、公司股权等。

158. 哪些财产属于夫妻一方的个人财产？

根据《民法典》第1063条规定，夫妻一方个人财产包括：（1）一方的婚前财产，如婚前购买的房屋、汽车等；（2）一方因受到人身损害获得的赔偿或补偿，如因人身损害获得的医疗费等；（3）遗嘱或者赠与合同中确定只归一方的财产；（4）一方专用的生活用品，如个人的衣物、鞋帽等；（5）其他应当归一方的财产。

159. 哪些债务属于夫妻的共同债务？

根据《民法典》第1064条规定，夫妻共同债务有三种：一是基于双方共同意思表示所负的债务，如双方共同签名或夫妻一方事后追认所负债务。二是夫妻双方或一方为家庭日常生活需要所负的债务。三是夫妻一方超出家庭日常生活需要所负债务，且能够证明该债务用于夫妻共同生活、共同生产经营或者是基于夫妻双方共同意思表示所负。

160. 夫妻可以约定将婚姻关系存续期间取得的财产归各自所有吗？

可以。《民法典》第1065条规定，男女双方可以约定婚姻关系存续期间所得的财产以及婚前财产归各自所有、共同所有或者部分各自所有、部分共同所有。约定应当采用书面形式。夫妻对婚姻关系存续期间所得的财产以及婚前财产的约定，对双方具有法律约束力。夫妻对婚姻关系存续期间所得的财产约定归各自所有，夫或者妻一方对外所负的债务，相对人知道该约定的，以夫或者妻一方的个人财产清偿。

161. 哪些情形下，夫妻一方可以在婚姻关系存续期间请求分割共同财产？

《民法典》第 1066 条规定，婚姻关系存续期间，有下列情形之一的，夫妻一方可以向人民法院请求分割共同财产：（1）一方有隐藏、转移、变卖、毁损、挥霍夫妻共同财产或者伪造夫妻共同债务等严重损害夫妻共同财产利益的行为；（2）一方负有法定扶养义务的人患重大疾病需要医治，另一方不同意支付相关医疗费用。

162. 对亲子关系有异议的，父或母可以请求确认或否认亲子关系吗？

根据《民法典》第 1073 条规定，夫妻一方对亲子关系有异议且有正当理由的，可以向法院提起亲子关系确认或否认之诉，以明确亲子的血缘关系，保障当事人的正当权益，使应尽义务的人不致逃避责任，以实现法律的公正。需要注意两点：一是亲子关系确认或否认之诉的主体是夫妻一方，成年子女只能提出亲子关系确认之诉；二是当事人提出亲子关系确认或否认之诉时应当有正当理由，即应当承担相应的举证责任。

163. 夫妻双方如何申请协议离婚？

协议离婚，是指婚姻关系当事人达成离婚合意并通过婚姻登记程序解除婚姻关系的法律制度。《民法典》第1076条规定，夫妻双方自愿离婚的，应当签订书面离婚协议，并亲自到婚姻登记机关申请离婚登记。离婚协议应当载明双方自愿离婚的意思表示和对子女抚养、财产以及债务处理等事项协商一致的意见。

164. 夫妻双方诉讼离婚要符合哪些条件?

根据《民法典》第1079条规定，诉讼离婚的法定必要条件是夫妻感情确已破裂，调解无效。有下列情形之一，调解无效的，应当准予离婚：（1）重婚或者与他人同居；（2）实施家庭暴力或者虐待、遗弃家庭成员；（3）有赌博、吸毒等恶习屡教不改；（4）因感情不和分居满二年；（5）其他导致夫妻感情破裂的情形。

此外，一方被宣告失踪，另一方提起离婚诉讼的，应当准予离婚。法院判决不准离婚后分居满一年，一方再次提起离婚诉讼的，应当准予离婚。

165. 父母离婚时，如何确定子女抚养权的归属?

根据《民法典》第1084条规定，婚姻关系解除后，父母与子女之间存有的血亲关系不因父母离婚而消除，离婚后，父母仍对子女负有抚养、教育、保护的权利和义务。离婚后，不满两周岁的子女，以由母亲直接抚养为原则。已满两周岁的子女，父母双方对抚养问题协议不成的，由人民法院根据双方的具体情况，按照最有利于未成年子女的原则判决。子女已满八周岁的，应当尊重其真实意愿。

166. 离婚时，夫妻共同财产怎么分?

《民法典》第1087条规定，离婚时，夫妻的共同财产由双方协议处理；协议不成的，由人民法院根据财产的具体情况，按照照顾子女、女方和无过错方权益的原则判决。

167. 想收养子女，收养人应当符合什么条件?

收养应当有利于被收养的未成年人的抚养、成长，因此收养人应当具备一定的经济条件、健康条件和抚养、保护、教育子女的能力。《民法典》第1098条规定，收养人应当同时具备下列条件:（1）无子女或者只有一名子女;（2）有抚养、教育和保护被收养人的能力;（3）未患有在医学上认为不应当收养子女的疾病;（4）无不利于被收养人健康成长的违法犯罪记录;（5）年满三十周岁。

第六编　继承

168. 遗产继承的方式有哪些？

根据我国法律的规定，继承方式有三种：第一，法定继承；第二，遗嘱继承；第三，遗赠。

169. 哪些主体享有继承权？

根据《民法典》第 1120 条的规定，国家保护自然人的继承权。因此，享有继承权的主体是自然人，法人或其他组织不享有继承权。

170. 自然人死亡后哪些财产属于遗产？

《民法典》第 1122 条规定，遗产是自然人死亡时遗留的个人合法财产。

个人合法财产是指公民自己通过劳动、接受赠与、继承等方式取得的财产，包括个人的各种合法收入，房屋、储蓄和生活用品等所有合法财产。

171. 丧偶儿媳可以继承公婆的遗产吗?

《民法典》第1129条规定，丧偶儿媳对公婆，丧偶女婿对岳父母，尽了主要赡养义务的，作为第一顺序继承人。

丧偶儿媳（女婿）享有继承权的前提条件是对公婆（岳父母）尽到了主要赡养义务，这种义务体现在提供生活费、物质生活资料，照顾老人的日常生活、精神照料等方面。

172. 公民可以通过哪些方式立遗嘱?

《民法典》第1138条规定，遗嘱人在危急情况下，可以立口头遗嘱。口头遗嘱应当有两个以上见证人在场见证。危急情况消除后，遗嘱人能够以书面或者录音录像形式立遗嘱的，所立的口头遗嘱无效。

口头遗嘱在满足一定条件时是有效的，但是为了避免纠纷，建议尽量采用以下几种方式立遗嘱:（1）自书遗嘱。（2）代书遗嘱。（3）打印遗嘱。（4）录音录像遗嘱。（5）公证遗嘱。

173. 遗嘱人立了多份遗嘱，最后应该以哪份为准?

《民法典》第1142条规定，立有数份遗嘱，内容相抵触的，以最后的遗嘱为准。

立有数份遗嘱，均为遗嘱人真实意思表示，且内容相抵触的，以最后立的那份遗嘱内容为准。《民法典》取消了之前以最后所立公证遗嘱为准的法律规定。公证遗嘱具有与其他形式的遗嘱同等的法律效力。

174. 怎样办理公证遗嘱？

《民法典》第 1139 条规定，公证遗嘱由遗嘱人经公证机构办理。

申办公证遗嘱，遗嘱人应当填写公证申请表，并提交下列证件和材料：（1）居民身份证或者其他身份证件。（2）遗嘱涉及的财产凭证，如房地产权证、存款证明、股权证明等。（3）公证人员认为应当提交的其他材料。

175. 子女虐待父母情节严重的，还能继承父母的遗产吗？

子女虐待父母情节严重的，会丧失继承权。《民法典》第 1125 条规定，继承人有下列行为之一的，丧失继承权：（1）故意杀害被继承人；（2）为争夺遗产而杀害其他继承人；（3）遗弃被继承人，或者虐待被继承人情节严重；（4）伪造、篡改、隐匿或者销毁遗嘱，情节严重；（5）以欺诈、胁迫手段迫使或者妨碍被继承人设立、变更或者撤回遗嘱，情节严重。

176. 父母去世后，孙子女可以继承自己祖父母的遗产吗？

可以。《民法典》第1128条规定，被继承人的子女先于被继承人死亡的，由被继承人的子女的直系晚辈血亲代位继承。被继承人的兄弟姐妹先于被继承人死亡的，由被继承人的兄弟姐妹的子女代位继承。代位继承人一般只能继承被代位继承人有权继承的遗产份额。

177. 没有遗嘱的法定继承，如何确定继承人的顺序和范围？

若公民在去世之前没有留下任何遗嘱，则去世之后的遗产将按照法律规定的继承顺序和分配比例进行分割。《民法典》第1127条规定，遗产按照下列顺序继承：(1) 第一顺序：配偶、子女、父母；(2) 第二顺序：兄弟姐妹、祖父母、外祖父母。继承开始后，由第一顺序继承人继承，第二顺序继承人不继承；没有第一顺序继承人继承的，由第二顺序继承人继承。

178. 继承人继承遗产的份额，应当如何确定？

《民法典》第1130条规定，同一顺序继承人继承遗产的份额，一般应当均等。对生活有特殊困难又缺乏劳动能力的继承人，分配遗产时，应当予以照顾。对被继承人尽了主要扶养义务或者与被继承人共同生活的继承人，分配遗产时，可以多分。有扶养能力和有扶养条件的继承人，不尽扶养义务的，分配遗产时，应当不分或者少分。继承人协商同意的，也可以不均等。

179. 在没有遗嘱的情况下，法定继承人以外的人可以分得遗产吗?

可以。根据《民法典》第 1131 条规定，对继承人以外的依靠被继承人扶养的人，或者继承人以外的对被继承人扶养较多的人，可以分给适当的遗产。

180. 哪些遗嘱属于无效遗嘱?

根据《民法典》第 1143 条规定，下列遗嘱无效:（1）无民事行为能力人或者限制民事行为能力人所立的遗嘱无效。（2）遗嘱必须表示遗嘱人的真实意思，受欺诈、胁迫所立的遗嘱无效。（3）伪造的遗嘱无效。（4）遗嘱被篡改的，篡改的内容无效。

181. 继承开始后，由谁来处理遗产分割事宜?

继承开始后，由遗产管理人来处理遗产分

割事宜。《民法典》第 1145 条规定，继承开始后，遗嘱执行人为遗产管理人；没有遗嘱执行人的，继承人应当及时推选遗产管理人；继承人未推选的，由继承人共同担任遗产管理人；没有继承人或者继承人均放弃继承的，由被继承人生前住所地的民政部门或者村民委员会担任遗产管理人。

182. 什么是遗赠扶养协议？

遗赠扶养协议就是自然人（遗赠人、受扶养人）与继承人以外的组织或者个人（扶养人）签订的，由扶养人负责受扶养人的生养死葬，并享有受遗赠权利的协议。《民法典》第 1158 条规定，自然人可以与继承人以外的组织或者个人签订遗赠扶养协议。按照协议，该组织或者个人承担该自然人生养死葬的义务，享有受遗赠的权利。

183. 子女需要替已去世的父母还债吗？

根据《民法典》第1159条、第1161条规定，子女继承父母遗产的，应当先用遗产清偿债务，剩余的遗产再进行分配。清偿债务以遗产的实际价值为限，超出遗产实际价值的部分，子女没有清偿义务，当然，子女自愿清偿的除外。

184. 在法定继承、遗嘱、遗赠扶养协议并存的情况下，哪个效力优先？

遗赠扶养协议的效力优先于遗嘱，遗嘱的效力优先于法定继承。《民法典》第1123条规定，继承开始后，按照法定继承办理；有遗嘱的，按照遗嘱继承或者遗赠办理；有遗赠扶养协议的，按照协议办理。

第七编　侵权责任

185. 什么是过错责任原则?

《民法典》第 1165 条第 1 款规定，行为人因过错侵害他人民事权益造成损害的，应当承担侵权责任。

过错责任，是指造成损害并不必然承担责任，还要看行为人是否有过错。如果行为人存在过错则需要承担责任，如果没有过错就不需要承担责任。过错责任原则是侵权责任编中的基本归责原则，不仅可以保护公民、法人的合法权益，教育公民、法人遵守法律和社会公德，也可以预防和减少损害的发生，化解社会纠纷，促进和谐稳定。

186. 什么是无过错责任原则？

《民法典》第1166条规定，行为人造成他人民事权益损害，不论行为人有无过错，法律规定应当承担侵权责任的，依照其规定。

无过错责任，是指不以行为人的过错为要件，只要其活动或者所管理的人、物损害了他人的民事权益，除非有法定的免责事由，否则行为人就要承担侵权责任。适用无过错责任原则的意义是为了及时救济受害人，使其损害赔偿请求权更容易实现。

187. 自愿参加具有一定风险的文体活动受伤的，由谁承担侵权责任？

参加对抗性较强的文体活动容易受伤，但因为参加者是自愿参与这些活动的，应当充分认识到这些活动的危险性。《民法典》第1176条规定，自愿参加具有一定风险的文体活动，因其他参加者的行为受到损害的，受害人不得请求其他参加者承担侵权责任；但是，其他参加者对损害的发生有故意或者重大过失的除外。当然，如果活动组织者未尽到安全保障义务的，仍需要承担侵权责任。

188. 合法权益正在被侵害的，受害人可以采取自助行为吗？

《民法典》第 1177 条规定，合法权益受到侵害，情况紧迫且不能及时获得国家机关保护，不立即采取措施将使其合法权益受到难以弥补的损害的，受害人可以在保护自己合法权益的必要范围内采取扣留侵权人的财物等合理措施；但是，应当立即请求有关国家机关处理。受害人采取的措施不当造成他人损害的，应当承担侵权责任。

189. 传家宝被他人故意损坏，可以请求精神损害赔偿吗？

《民法典》第1183条规定，因故意或者重大过失侵害自然人具有人身意义的特定物造成严重精神损害的，被侵权人有权请求精神损害赔偿。

因故意或者重大过失侵害他人具有人身意义的特定物品，比如损毁了他人的传家宝、结婚纪念照、遗照等，造成物主严重精神损害的，不仅要按照物品本身的市场价格进行赔偿，还应当对给物主造成的精神损害进行赔偿。

190. 专利产品被他人仿冒侵权，可以请求惩罚性赔偿吗？

可以。《民法典》第1185条规定，故意侵害他人知识产权，情节严重的，被侵权人有权请求相应的惩罚性赔偿。

《民法典》规定侵犯知识产权的惩罚性赔

偿制度，有利于激励当事人通过许可使用的方式行使知识产权，鼓励创新；也有助于强化企业对知识产权保护的信心，大大提升我国的创新环境和营造良好营商环境。

191. 委托他人看管时孩子打伤别人的，由谁承担侵权责任？

《民法典》第1189条规定，无民事行为能力人、限制民事行为能力人造成他人损害，监护人将监护职责委托给他人的，监护人应当承担侵权责任；受托人有过错的，承担相应的责任。

《民法典》作此规定，有助于强化受托人切实履行好监护职责，避免他们因怠于履行职责而造成更多侵权行为的发生。

192. 产品上市后存在缺陷，生产者、销售者有义务召回产品吗？

有。《民法典》第1206条规定，产品投入流通后发现存在缺陷的，生产者、销售者应当及时采取停止销售、警示、召回等补救措施；未及时采取补救措施或者补救措施不力造成损害扩大的，对扩大的损害也应当承担侵权责任。

依据前款规定采取召回措施的，生产者、销售者应当负担被侵权人因此支出的必要费用。

193. 借车驾驶发生交通事故，是实际驾驶人还是车主承担赔偿责任？

根据《民法典》第1209条规定，租赁、借用他人机动车，一旦发生交通事故，实际使用人与机动车的所有人和管理人不是同一人的，如果属于该机动车一方责任，机动车使用人应当承担赔偿责任。但是如果机动车所有人、管理人对损害的发生有过错的，如提供的车辆存在缺陷而导致交通事故，将车辆出借给没有机动车驾驶证的使用人、醉酒的使用人等情形，则其也应当承担相应的赔偿责任。

194. 免费搭乘顺风车受伤，驾驶人是否需要赔偿受害人？

助人为乐是中华民族的传统美德。为了既保护受害者的权益，又鼓励大家助人为乐，《民法典》第 1217 条规定，非营运机动车发生交通事故造成无偿搭乘人损害，属于该机动车一方责任的，应当减轻其赔偿责任，但是机动车使用人有故意或者重大过失的除外。

195. 医务人员在治疗过程中，必须要向患者履行说明义务吗？

《民法典》第 1219 条规定，医务人员在诊疗活动中应当向患者说明病情和医疗措施。需要实施手术、特殊检查、特殊治疗的，医务人员应当及时向患者具体说明医疗风险、替代医疗方案等情况，并取得其明确同意；不能或者不宜向患者说明的，应当向患者的近亲属说明，并取得其明确同意。医务人员未尽到前款义务，造成患者损害的，医疗机构应当承担赔偿责任。

196. 医院泄露患者的隐私和个人信息的，应当承担侵权责任吗？

医疗机构及其医务人员有对患者的个人信息保密的义务，泄露患者隐私和个人信息，或者擅自公开患者病历资料，是一种较为严重的侵权行为，有可能对患者的工作、学习和生活造成重大影响。《民法典》第 1226 条规定，医疗机构及其医务人员应当对患者的隐私和个人信息保密。泄露患者的隐私和个人信息，或者未经患者同意公开其病历资料的，应当承担侵权责任。

197. 在医院违法闹事需要承担法律责任吗？

需要。《民法典》第 1228 条规定，医疗机构及其医务人员的合法权益受法律保护。干扰医疗秩序，妨碍医务人员工作、生活，侵害医务人员合法权益的，应当依法承担法律责任。

198. 实施污染环境、破坏生态的行为，侵权人应当承担什么责任？

因污染环境、破坏生态造成他人损害的，侵权人应当承担侵权责任。《民法典》第1234条规定，违反国家规定造成生态环境损害，生态环境能够修复的，国家规定的机关或者法律规定的组织有权请求侵权人在合理期限内承担修复责任。侵权人在期限内未修复的，国家规定的机关或者法律规定的组织可以自行或者委托他人进行修复，所需费用由侵权人负担。

199. 饲养的宠物犬咬伤邻居，由谁承担侵权责任？

根据《民法典》第1245条规定，饲养的

动物造成他人损害的，动物饲养人或者管理人应当承担侵权责任；但是，能够证明损害是因被侵权人故意或者重大过失造成的，可以不承担或者减轻责任。

第 1247 条规定，禁止饲养的烈性犬等危险动物造成他人损害的，动物饲养人或者管理人应当承担侵权责任。

200. 游客无视警示劝阻擅自行动被动物袭击，动物园需要承担侵权责任吗？

《民法典》第 1248 条规定，动物园的动物造成他人损害的，动物园应当承担侵权责任；但是，能够证明尽到管理职责的，不承担侵权责任。

游客无视动物园警示，不遵守园区规定，在动物园被动物袭击造成损害，如果动物园方能够证明已经尽到管理职责的，不承担侵权责任。